# ESTRESSE – CÂNCER – IMUNIDADE!?!?!

Coleção Teorya?!?!Pratika?!?!
Vol. 4

Dados Internacionais de Catalogação
na Publicação (CIP)
(Câmara Brasileira do Livro, SP, Brasil)

Deitos, Fátima
  Estresse, câncer, imunidade!?!?! / Fátima
Deitos. — São Paulo : Ícone, 2004. — (Coleção
teorya?!?!pratika?!?! ; v. 4)

  ISBN 85-274-0794-9

  1. Câncer - Aspectos imunológicos 2. Câncer -
Aspectos psicológicos 3. Câncer - Prevenção
4. Câncer - Tratamento 5. Estresse (Fisiologia)
6. Imunidade 7. Psiconeuroimunologia I. Título.
II. Série.

04-4258                           CDD-616.994079

Índices para catálogo sistemático:

1. Câncer : Aspectos psiconeuroimunológicos
   616.994079

FÁTIMA DEITOS

# ESTRESSE – CÂNCER – IMUNIDADE!?!?!

Coleção Teorya?!?!Pratika?!?!
Vol. 4

© Copyright 2004.
Ícone Editora Ltda.

**Capa, Projeto Gráfico e Diagramação:**
Danclar Rossato

**Revisão:**
Rosa Maria Cury Cardoso

Proibida a reprodução total ou parcial desta obra,
de qualquer forma ou meio eletrônico, mecânico,
inclusive e através de processos xerográficos,
sem permissão expressa do editor
(Lei nº 9.610/98).

Todos os direitos reservados pela
ÍCONE EDITORA LTDA.
Rua Lopes de Oliveira, 138 – 01152-010
com Rua Camerino, 26 – 01153-030
Barra Funda – São Paulo – SP
Tel./Fax: (11) 3666-3095
www.iconelivraria.com.br
editora@editoraicone.com.br
edicone@bol.com.br

# Sumário

Prefácio ➡ Prof. Dr. Ruy Krebs ............. 7
Prólogo ................................................ 11
Introdução ........................................... 17
Quadro da capa ................................... 27
Explicações da doutora ...................... 35
Imunidade ➡ Rock Hudson .................. 47
Vamos conhecer essa tal imunidade ....... 51
Estresse ............................................... 67
Câncer ................................................. 85
Depressão & câncer ............................ 95
Outras coisas que complicam o câncer ....... 103
A dor e o tratamento do câncer .......... 109
A família e o câncer ........................... 119
A criança e o câncer ........................... 131
A sociedade e o câncer ....................... 141
ANDREI ............................................. 155
Currículo ............................................. 163

# FIGURAS DO LIVRO

## A CAPA

Foi retirada da *História Geral da Arte*
Pintura V
Ediciones Del Prado- 1996 -

## AS DEMAIS FIGURAS QUE SEPARAM OS CAPÍTULOS, RETIRADAS:

Musée Du Louvre
Musée Du Jeu De Paume
Minister Des Affairs Cultureles
Editions Des Musées Nationanx
– Paris –
– 1973 –

# PREFÁCIO

A definição mais simples do termo Mito, em geral aceita por grande parte dos especialistas na matéria, é aquela que abriga a noção narrativa tradicional de conteúdo religioso.

Entende-se assim por mitologia, em primeiro lugar, o conjunto de narrativas desse tipo tal como se apresentam em um ou mais povos; em segundo lugar, o estudo das concepções mitológicas encaradas como um dos elementos integrantes da vida social.

A narração mitológica envolve, basicamente, pretensos acontecimentos relativos a épocas primordiais, ocorridos antes do surgimento dos homens (história dos deuses) ou com os primeiros homens (história ancestral). Contudo, o verdadeiro objeto do mito não são os deuses nem os ancestrais, mas a apresentação de um conjunto de ocorrências fabulosas com que se procurou dar sentido ao mundo.

O mito aparece e funciona como mediação simbólica entre o sagrado e o profano, o certo e o errado, dando exemplos de parâmetros, condição necessária à ordem do mundo e relação entre as pessoas.

Desde o momento em que conheci Fátima Deitos tive a certeza de que estava diante de um ser incomum.

Vinda de Serafina Corrêa para Santa Maria, em sua época, década de 60, já estava enfrentando um grande desafio. Aparece então o primeiro indicador de uma caminhada que seria longa.

Vem para Santa Maria, em 1968, para cursar Medicina e forma-se em 1973.

Nessa época, Mestrado e Doutorado eram palavras quase estrangeiras e o acesso era algo praticamente desconhecido.

A partir de um catálogo telefônico ela descobre, encontra talvez, a ponte para o seu sonho. Haveria de cruzar o Atlântico. O sonho era ser aluna do Prof. Juan José Lopes Ibor, um dos grandes nomes da Psiquiatria mundial, que pouco antes deixara a presidência da Sociedade Mundial de Psiquiatria. A ponte era o Instituto de Cultura Hispânica em Porto Alegre.

Foi, ficou, regressou Mestra e Doutora. Voltou para Santa Maria à sua atividade acadêmica, trazendo o melhor da Europa em sua bagagem. Vinha semear o que lá colhera, passa a difundir o que lá aprendera. Aí aparece a pesquisadora, a professora, a orientadora. Não é sem razão que, nos últimos anos, sua produção científico-literária começa a aparecer em continuidade mística, Mito de Orfeu, agora, Ulisses.

Fátima não é uma autora no sentido simples da palavra, sua capacidade é de fazer outras pessoas despertarem e criarem uma perspectiva de continuarem no seu trabalho.

Eterna como a mitologia, anos passaram e, no futuro, toda vez que se falar geração em Fátima Deitos, ficará a pergunta:

## SERIA ELA ENTÃO UM MITO OU O MITO ERA ELA?

Prof. Dr. Ruy Jornada Krebs
Doutor em Filosofia pela
The University of New México – EUA
Pós-Doutorado na Indiana University - EUA

*Estude pour "Un Dimanche après-midi à l'île de la Grande-Jatte", 1884.*

# Prólogo

Os antigos gregos, em sua mitologia tinham para tudo:

→ Uma história!
→ Uma lenda!
→ Uma explicação!

Neste nosso novo encontro vamos **meter-nos** por:

→ Caminhos estranhos;
→ Relações esquisitas;
→ Coisas que nem sabemos que estão em nós;
→ Ativas;
→ Atentas;
→ Defensoras.

Mas antes de tudo vou contar uma história grega!!!

*"Ulisses, vitorioso, lança um olhar por toda a cidade. Tróia é um túmulo sem luz e sem esperanças. A guerra acabou.*

*A vitória é amarga no peito do herói. Sua glória é feita de mortos, miseráveis e humilhados. Seu poder é feito de silêncio e solidão.*

*Está na hora de voltar para Ítaca, a pátria amada. Ulisses chama os companheiros e convida-os a entrarem na nave de retorno. São poucos os sobreviventes e eram tantos os guerreiros quando tudo começou.*

*O mar está calmo e o céu azul. A pátria espera-os com saudade e louvores. Navegando entre a Sicília e a Itália, os heróis encontraram a ilha de Éolo (Deus do Vento). Fatigados da viagem, resolvem deter-se. Os soldados são recebidos calorosamente e permanecem um mês na Eólia. Assim que se recuperam do cansaço, retomam a viagem.*

*Na despedida, Éolo oferece a Ulisses **um odre** contendo todos os Ventos. A comitiva segue para Ítaca em um caminho que deveria ser tranqüilo e feliz.*

*Este momento feliz, entretanto, estava ainda muito distante. Movidos pela fatídica curiosidade, os companheiros de Ulisses decidem abrir o odre que Éolo havia oferecido ao herói.*

*Os Ventos fogem. Furiosos, sopram as nuvens e enfurecem as águas. A nave recua e volta à costa de Ítaca. Chegava a ver o povo acenando. Depois era arrastada pelos ventos para alto-mar..."*

**Odre** → vaso cerâmica com tampa
Já sei!!!???

O que tem a ver com o título???

## TUDO

A história grega pode ser a história de uma criança:
- com leucemia;
- com tumor cerebral;
- com câncer.

Com suas idas e vindas:
- Quimioterapia;
- Radioterapia;

➡ Cirurgia.

Em todas elas, normalmente, a esperança de um porto e

➡ de repente
➡ um vento
➡ o câncer voltando.

E Ítaca – que era uma cidade.

➡ Que é a cura para o canceroso;
➡ fica distante...

Estresse, Câncer e Imunidade, que luta! O odre da imunidade é aberto pelo estresse e, de repente, as alterações imunológicas aparecem, levando seus portadores a idas e vindas, às vezes, para viagens que vão e voltam.

O universo psiconeuroimunológico é um cenário digno dos melhores equivalentes mitológicos. É neste teatro fantástico que eu os convido para adentrar e recapturar toda a visão holística do homem, tão descuidada em muitas épocas.

## QUANTAS PALAVRAS ESTRANHAS:

- Estresse;
- Câncer;
- Imunidade;
- Psiconeuroimunológico;
- Visão holística.

Estão curiosos?!?!
Então vamos, venham comigo, que eu lhes mostro...

*Estude para "Um Dimanche après-midi à l'île de la Grande Jatte", 1884.*

# Introdução

Bem, agora vamos começar explicando palavras:

## PSICO
Estudo e funcionamento de:
- pensamentos;
- atividade;
- memória;
- inteligência...

## NEURO
Estudo e funcionamento de:
- nosso sistema nervoso;
- nosso sentido de equilíbrio;
- nosso caminhar;
- nosso pegar coisas;
- nosso ouvir...

## ENDÓCRINO
Estudo e funcionamento das:
- glândulas internas;
- nossos ovários (delas e meus);

— nossos testículos (deles e do restante dos homens);

— nosso pâncreas (que nos deixa comer doces);

— nossa hipófise (que nos ajuda a crescer).

## IMUNO

Estudo e funcionamento das coisas, cositas e outras como:

— glóbulos brancos;
— *natural Killers* que nos defendem das doenças.

Então fica:

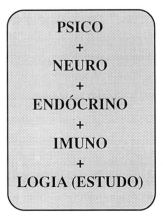

PSICO
+
NEURO
+
ENDÓCRINO
+
IMUNO
+
LOGIA (ESTUDO)

→**PSICONEUROENDOCRINOIMUNOLOGIA:**

→ Quando se estuda um ser humano;

→ Quando se examina um paciente;

→ Quando se pensa desse jeito.

> **O QUE ACONTECE???**
>
> É TER
>
> UMA VISÃO
>
> HOLÍSTICA
>
> DA PESSOA

Holístico→ Significa total, inteirinho.

→ O ser:

- Com sua religião;

- Sua barriga;

- Suas esperanças;

- Suas raivas;

- Seu trabalho;

- Seu ócio;

- Seu lugar no mundo;

- Sua idéia do universo.

E lá vai!!!

Agora vamos ver como me meti de cabeça nesse assunto.

Meu interesse por esses assuntos começaram, em 1975, em Madrid.

➔ Nesse ano, mês de maio, ocorreu um evento sobre um assunto que começava a ser estudado na época.

➔ A morte;

➔ O paciente na UTI;

➔ O paciente com câncer;

➔ Conheci uma mulher maravilhosa chamada Elizabeth Kubler-Ross;

➔ Ela era uma médica generalista e observava a dificuldade dos médicos, em geral, para lidar com estes assuntos;

➔ Ela tem vários livros que podem ser encontrados através da Internet;

➔ Na época comecei a acompanhar o serviço de Oncologia (câncer) no Hospital San Carlos de Madrid;

➔ Nos anos 80, já estabelecida em Santa Maria;

➔ Comecei a acompanhar pacientes cancerosos com depressão;

➔ Nos anos 90;

➔ Mais precisamente em 1995, coordenei a 1ª Jornada Gaúcha de Stress, Câncer e Imunidade.

Logo, falo mais sobre ela.

➔ Em 1996, coordenei em parceria com a Sociedade Brasileira de Psiquiatria Biológica em Santa Maria:

➔ o 1º Congresso Brasileiro da Criança e Câncer;

➔ A partir dessa época, publiquei, em parceria com alunos de Medicina, vários artigos na imprensa científica nacional e internacional;

➔ 1997 – publicamos o Mito de Ulisses – livro didático médico, utilizado até o momento;

➔ 1998 – participei da co-orientação de uma tese de mestrado intitulada "O Imaginário Social da Criança com Câncer";

➔ 1999 – coordenei o 1º Encontro Latino-Americano de Psico-Oncologia Pediátrica.

E vocês vão perguntando...

E eu com isso???

É que com isso!!!

Vou poder levá-los para este estranho e tão próximo mundo.

Agora vou contar um pouquinho da nossa primeira Jornada, em 1995, não posso deixar de lado.

➔ A primeira Jornada Gaúcha de Stress, Câncer e Imunidade tornou-se realidade, no outono de 1995.

➔Em Santa Maria, recepcionando mais de 170 pessoas para uma discussão multidisciplinar sobre o tema.

➔ O título desta Jornada foi baseado em um trabalho de revisão de Balstrush, Stangel e Titze (Departamento de Imunohematologia da Universidade Hannover, Alemanha) publicado na Acta Neurológica em 1991.

→ Não podemos deixar de citar a equipe que nos auxiliou nesta organização, sem a qual a realização do evento não seria possível:

> Dr. Clayton Luiz Dornelles Macedo, Dr$^a$ Martha Noal, Dr$^a$ Sandra Helena Nardi (membros da Comissão Científica), Carla Geni Staats, Fabiana Antonello, Giovani Lopez de Lima, Lenise do Nascimento e Sergio Augusto Veiga Lopes (acadêmicos de medicina – membros da Comissão Organizadora). Na presidência do evento, Dr$^a$ Fátima Deitos, e na vice-presidência da Comissão Organizadora, João Francisco Pollo Gaspary.

→ Naquele encontro frutífero e carinhoso de profissionais de formação distinta e convergentes, gostaríamos de agradecer a todos os que nos prestaram apoio (conferencistas, coordenadores de mesa e painéis), bem como àquelas pessoas que compareceram e nos acompanharam durante o evento.

→ A justificativa....é que o incentivo e o entusiasmo que nos foi transmitido para a continuidade dos estudos nesta área é incalculável. Nos trabalhos seguintes, sempre tentamos manter o espírito e os objetivos desta Jornada vivos, ou seja, relembrar a necessidade da visão holística do homem e da medicina, estimular a multidisciplinariedade das abordagens (Teoria da "Colcha de Retalhos") e a valorização do bem-estar geral do ser humano, através de progressos e inter-relações do sistema nervoso endócrino/imunológico.

*Poseuse de profil, 1887.*

# Quadro da Capa

**Georges Seurat**

Pintor francês (1859-1891)

➜ morreu aos:

➜ 32 anos!

➜ Vamos contar um pouco de sua história:

➜ para entendê-lo neste livro.

● Começou a trabalhar aos 15 anos.

● Ingressa na Escola das Belas Artes.

● É um **<u>apaixonado</u>** pela pintura.

● Junto com os estudos de arte começa a ler autores chamados:

> Chevrevl e Henry – cientistas
> que aplicam a física
> à parte estética e
> publicaram dois livros:
>
> ➜ Educação do Espírito das Formas;
>
> ➜ Educação do Espírito das Cores.

➜ Seurat começa a estudar e a pintar de maneira frenética.

1882 ➜ Concentra-se no estudo do preto e do branco.

1884 ➜ Apresenta "La Baignade"

➜ Que está neste livro.

➜ Rejeitado pelo Salão Oficial – apresenta no Salão dos Independentes.

1885 ➜ Acaba sua obra-prima "Um Domingo na Ilha da Grande Jatte".

→ É descrito que aqueles que foram testemunhas do louco trabalho do artista, explicam-no como conseqüência de depauperamento de um organismo submetido a esforços que iam além da resistência humana.

→ Seurat pintava dia e noite; longas horas, desdobrando as partículas do arco-íris que representavam as zonas de luz.

→ Não se cuidava.

→ Não se alimentava corretamente.

→ Trabalhava sem ordem.

**ACONTECE A FALÊNCIA DO ORGANISMO.**

Vocês imaginam alguém pintando milhares de pontos para formar:

➔ Um magnífico quebra-cabeça de luzes!!!

1891 ➔ No dia 9 de março morre de pneumonia e deixa inacabada sua última obra

➔ O Circo.

O que tudo tem a ver conosco???

## NEO-IMPRESSIONISMO

➔ Os principais expoentes desse movimento francês expuseram junto com os Impressionistas na Exibição Final deste grupo, em 1886. O primeiro a utilizar-se dessa denominação foi o crítico Félix Fénéon.

> ➜ *O pontilhismo, ou divisionismo, como pretendiam nomear uma das técnicas bases do movimento estudava a decomposição das cores naturais nos matizes (nuanças) que compunham.*

➜ A partir daí, esses matizes deveriam ser passados para a superfície onde a **pintura** seria realizada em seu estado mais puro ou primário, como pinceladas mínimas ou simples pontos. Deixavam para o observador das obras a função de reconstituir esses matizes, misturando-os visualmente.

➜ Esses pontos de cores em estado primário, quando observados a uma distância calculada, deveriam apresentar o máximo de luminosidade, realidade de cores e brilho. Suas composições eram altamente formalizadas, com pinceladas calculadas para melhor atingir os efeitos cromáticos pretendidos e poses calculadas.

→ Georges Seurat (1859-1891) é considerado o principal nome do movimento, deixando, em sua curta vida, obras e princípios que iriam exercer grande influência sobre os movimentos modernistas do séc. XX.

→ Seurat foi também o grande elaborador do pontilhismo, tendo ainda trabalhado em pesquisas sobre o traço e as linhas de um quadro (descobrindo técnicas que possivelmente possam explicar a qualidade de seus trabalhos considera superior a outros Neo-Impressionistas que se restringiram ao estudo das cores).

→ A ilustração da capa deste livro chama-se: "Estudo para modelo de perfil" (1887).

---

**SALIENTA-SE QUE SEURAT MORREU AOS 32 ANOS, EM RAZÃO DE UMA INFECÇÃO DAS VIAS AÉREAS INFERIORES, POR FALTA DE DEFESAS.**

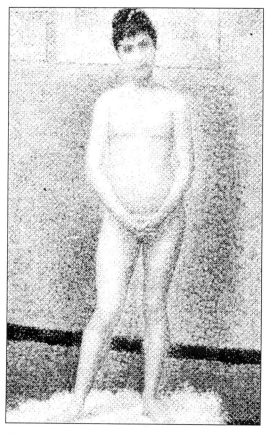

*Poseuse de Face, 1887.*

# Explicações da Doutora

Estas explicações, na realidade, são de doutores, gente incrível:
➔ Que trabalhou sozinha;
➔ Liderou equipes;
➔ Muitos ficaram desconhecidos;
➔ Muitos são conhecidos;
➔Vou apresentar-lhes os conhecidos, com eles homenageando os desconhecidos:

● Emil Adolf Von Behring (1854-1917).
Prêmio Nobel de Medicina e Fisiologia. Bacteriologista alemão, considerado o fundador da imunologia e o primeiro biólogo a usar a palavra toxina, tão usada hoje em dia.

● Ilya Ilich Mechnikov (1845-1916) e Paul Ehrlich (1854-1915).
Dividiram o Nobel de Medicina e Fisiologia em 1908. Echnikov era médico russo. Foi o primeiro a usar a palavra fagocitose, para explicar como o corpo se defende comendo invasores.

Ehrlich era bacteriologista alemão, transformou a quimioterapia em um ramo eficaz da Medicina, usado até hoje.

● Jules Bordet (1870-1962);
Recebeu o Nobel de Medicina e Fisiologia de 1919. Era belga, bacteriologista. Em sua época foi considerado como referência mundial em imunologia.

● Karl Landsteiner (1868-1943): Prêmio Nobel de 1930, por estabelecer os grupamentos sangüíneos e estruturar os sistemas de transfusões.

Vou parando por aqui, senão não páro mais!

Não se preocupem, antes de começar vou colocar uma daquelas séries de

➔ Palavras que quebram o galho.
... Depois vocês lêem o resto.

Galeno
Melancolia
Estressores
Biopsicossociais

## ESTRESSORES

Coisas que deixam a gente toda
- → Esticada!
- → Preocupada!
- → Atilada!

## BIOPSICOSSOCIAIS

Coisas originadas em nós pelo fato de:

- → Sermos vivos;
- → Pensarmos;
- → Vivermos em sociedade.

## METODOLÓGICOS

Metodologia é a receita do bolo.
- → O jeito certo;

→ A melhor maneira de fazer a coisa.

> **Sklar e Anisman**
> **Dilman e Ostromouva**
> **Shekele e Raymour**

## GALENO

→ Já contei quem é;
→ Está nos volumes anteriores.

### Melancolia

→ Já contei o que era.
→ Está nos volumes anteriores.

## SKLAR E ANISMAN

L. S Sklar e H. Anisman → Médicos que, em 1981, já escreviam e estudavam sobre estresse e câncer.

## DILMAN E OSTROMOUVA

Médicos de Toronto que, em 1984, escreveram sobre estresse e desenvolvimento de tumores.

## SHEKELE E REYMOR

R.B Shekele e W.J Raymor

Médicos que, em 1981, escreviam sobre riscos da depressão aos 17 anos, e:

➔ O início do câncer.

## POR QUE TANTA INFORMAÇÃO???

Para mostrar para vocês que há séculos essas idéias andam pela cabeça das pessoas.

➔ E tem um monte de gente, em 2004, que fica com cara de "duvidoso" quando faço palestras sobre isso.

➔ O questionamento sobre os fatores psicossociais que influenciam o desenvolvimento e o curso clínico do câncer tem sido repetidamente discutido desde a medicina clássica.

➔ Galeno, um médico grego, ao redor de 200 a.C., já descrevia que mulheres melancólicas eram mais susceptíveis ao câncer de mama do que as dispostas e animadas.

→ Os estressores biopsicossociais estão incluídos no modelo multifatorial etiológico do câncer.

→ Multifatorial Etiológico → Coisa que tem muitas origens.

→ Mesmo atualmente é uma área difícil, obscura e cercada de problemas metodológicos.

→ Existem vários estudos sobre situações de vida estressantes e múltiplas investigações em várias áreas.

→ Sklar e Anisman (1981) utilizam o termo "Tumorigenicity" e postulam que a interação entre meio ambiente e os fatores psicológicos podem contribuir para a indução de tumores ou a proliferação de células próximas à exposição cancerígena.

● Tumorigenicidade → potencial capacidade de gerar tumores.

→ Dilman e Ostromouva (1984) utilizam os termos hyperadaptosis e cancrofilia para referir a inabilidade do organismo para readquirir a homeostase depois de extensa exposição estressora. Esta inabilidade é associada com a redução da defesa antitumoral no sistema imune.

- Hiperadaptose → pessoa <u>muito</u> dentro do padrão, do normalzinho, do perfeitinho.

- Cancrofilia → afinidade por desenvolver câncer.

→ Demonstram que maior mortalidade para o câncer em homens foi positivamente relacionada com o divórcio, separação, condições de isolamento, desemprego, carência de suporte social.

→ Também tem sido demonstrada a relação entre fatores psicossociais, variantes personalidades e estilos de vida obscura.

→ Estudos examinam a relação entre eventos de vida aversivos e a patogênese do câncer e enfocam que:

- há associação entre certas disposições do comportamento adaptacional e o desenvolvimento de câncer.

→ As áreas básicas de estresse psicossocial podem ser divididas em três:

● situações que envolvem perdas: morte, divórcio, viuvez e etc.;

● acumulação de eventos exigindo reajustamento;

● ocorrência de eventos de vida que o indivíduo avalia como estressantes e supervaloriza frente aos recursos e habilidades.

→ Os estudos que associam fatores psicossociais e comportamentais e certos tipos de cânceres podem ser divididos em duas categorias:

*A 1ª categoria são os estudos que examinam as relações entre eventos de vida aversivos e a petogênese de câncer, como exemplo, Shekele, Raymour et al. (1981) que estudaram, prospectivamente, 17 anos antes, 2.020 homens avaliados pelo MMPI (Subescala de depressão). Homens que pon-*

---

MMPI: Teste psicológico TEMOSHOR e HELLER: psicólogas americanas.

> tuaram mais nesta escala tem duas vezes maior incidência de morte devido a câncer.
>
> A 2ª categoria são aqueles que enfocam sobre as relações entre certas disposições comportamentais e estilos adaptativos e o desenvolvimento de câncer. Por exemplo, o trabalho de Temoshor e Heller "On comparing apples, orange and fruit salad: a methodological overview on medical outcome studies in psychosocial oncology".

Existem várias evidências de pesquisas em animais. Podem ser citados os resultados de Anisman* (1980), que estudou três grupos de ratos:

> (1º) submetidos a choques elétricos sem controle;
> (2º) submetidos a choques elétricos com controle; e
> (3º) sem nenhum controle e sem choque.

---

* ANISMAN: médico americano.

→ Em todos foram injetadas células tumorais.

→ Entretanto, o crescimento do tumor foi mais rápido com significância estatística apenas no primeiro grupo:

● que não tinham condições de se adaptarem ao choque elétrico. Nos demais, crescimento igual.

→ Isto claramente demonstra que habilidade de se adaptar com um estressor reduz o impacto deste sobre o sistema imunológico e também influencia a progressão do tumor.

→ O perfil biopsicossocial *versus* tendência câncer foi escrito, recentemente o "Tipo C" ou modelo de comportamento com tendência ao desenvolvimento oncológico. Este modelo inclui pessoas que apresentem:

> Supressão de emoções negativas,
> sutileza patológica, fuga de conflitos,
> comportamento hiper-harmônico,
> alta conformidade social,
> paciência
> excessiva, amabilidade
> exagerada e contato efetivo aparente.

*Portanto, tem-se, com certeza, na medicina atual, um novo campo de pesquisas: a Psiconeuroendocrinoimunologia que nos conduz a um modelo multifatorial patológico, o qual nos força a um modelo terapêutico multidisciplinar.*

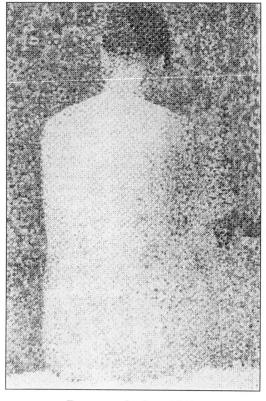

*Poseuse de dos. 1887.*

# IMUNIDADE ➜ ROCK HUDSON

➜ No início da década de 80, morava em Madrid e costumava ouvir rádio à noite: "Rádio Nacional de España".
➜ Era uma noite fria e eu estava preparando uma sopa de cogumelos de pacote, com alguns frescos, para fazer de conta.
➜ Quando de repente!!!
➜ Ouvi!

**"ROCK HUDSON, EM ENTREVISTA, ESTA NOITE EM PARIS, DECLAROU ESTAR INFECTADO PELO VÍRUS DA AIDS."**

➜ Punfa!!!
   Catapluf!!!
   Cruz, credo!!!

➜ Eu tinha retratos dele colados nas paredes!!! Quando jovem, fora meu ídolo!
➜ Agora, era psiquiatra!
➜ Mas o pontapé no castelo de cartas da minha juventude foi naquela noite.

→ Vocês vão perguntar, claro!!!

→ Há um endereço na internet

http://br.share.geocitices.com/Pablo Aluisio/rock hudson.html

→ Onde está sua biografia completa e a foto colocada aqui é desta fonte.

→ O problema que nos ocorreu, aos fãs do artista, era de que ele contraíra Aids por ser homossexual.

→ Tendo uma vida totalmente desregrada!

→ Uma postura do bom moço bonitão!

→ E de repente, naquela época em que estes assuntos eram muito complicados!

→ Tivemos que reorganizar nossas cabeças!

→Sua morte, em 1985, chocou o mundo.

→Morreu de Aids aos 59 anos.

➔ A revelação de sua doença, foi a primeira celebridade a admiti-la, deixou o mundo perplexo.

➔ Sua coragem, no entanto, foi decisiva para que o governo americano destinasse uma verba específica para pesquisas sobre Aids.

➔ Muito do que vocês vão ler nas próximas páginas

➔Deve-se, de certa forma, a ele!!!

*Rock Hudson*

# Vamos Conhecer essa tal Imunidade

Este esquema todo que deve defender-nos:
→**das gripes;**
→**da AIDS;**
→**do câncer;**
→**e tantos outros inimigos.**

O exército é um sistema que tem a função de:
→ Defender limites;
→ Promover a paz;
→ Se for para a guerra,
- deve defender-nos de nossos inimigos;
→ Tem hierarquia, ou seja, existe toda uma cadeia de comandos;
→ As ordens são obedecidas;
→ Existem pessoas que ocupam cargos especiais:
- Generais;
- Coronéis;
- Capitães;
- Soldados.

→ Possuem armas de vários tipos,
- inclusive químicos;

→ Tem corporações especiais tipo
- FBI;
- SWAT;
- Etc...etc...etc...

E, como sempre, vocês perguntam...
Lá vem ela...

Quer explicar que tipo de coisa ???!

→ Quero explicar como nosso corpo se defende de nossos inimigos:
- das bactérias;
- dos fungos;
- do câncer;
- e de tantos outros.

Para entender um pouco, temos que falar um:
- pouquito de Medicina.

→ **O sistema imunológico é o exército de defesa pessoal do nosso corpo.**

→ Como todo exército tem:

- soldados rasos (milicos);
- oficiais;
- esquadrões especiais;
- armamentos;
- equipamentos de guerra químico.

No Iraque não acharam nenhuma, mas em ti e em mim "tá cheio".

À medida que for explicando vou dizendo quem é quem!!!

## Revisão sobre o
## Sistema Imunológico (*Exército*)

---

### PALAVRAS COMPLICADAS

Sei que é chato, mas vamos lá:
FAGOCITOSE: fagos ➔ comer, citose ➔ células.
É o processo que o nosso sistema imunológico usa para destruir invasores.
FAGÓCITO: glóbulo que já comeu o inimigo.
ANTÍGENO: invasor.
ANTICORPO: defensor.
HISTAMINA: substância que ajuda o movimento dos glóbulos.

→ Há muito tempo, tem sido discutida intensamente a hipótese de que certos fatores psicológicos, tais como experiências a suscetibilidade e o curso da doença em alguns indivíduos.

→ Recentemente, houve um ressurgimento do interesse no estudo da influência de fatores psicossociais sobre doenças imunologicamente mediadas, incluindo câncer e doenças auto-imunes, como também doenças infecciosas.

→ Muitas dessas pesquisas atuais têm fornecido evidências biológicas de associações diretas e indiretas entre processo psicológico e doença.

### Conceito:

- O **Sistema Imunológico** pode ser conceituado basicamente, como um:

- **sistema complexo de vigilância que** ⟶ Exército
- **protege o corpo de doenças causadas** ⟶ Inimigos
- **por agentes nocivos ao organismo humano**

- **constituindo um conjunto:**

- **integrado por vários tipos de células (oficiais);**

- **cada uma com um papel funcional específico (armas).**

- **Além de moléculas secretadas, as citocinas (munição).**

➜ Que são responsáveis por interações e modulações da imunidade.

➜ Uma reação imune é ativada em resposta à exposição a um agente externo ou antígeno.

➜ O qual deve ser eliminado num esforço para manter a homeostasia corporal.

### FUNÇÃO IMUNE:

- A função geral do Sistema Imunológico é <u>identificar</u> e <u>eliminar materiais não próprios e estranhos ao organismo que entram em contato ou invadem o corpo.</u>

- Esses <u>materiais estranhos são denominados antígenos</u> e incluem bactérias, vírus, parasitas e fungos.

- Os <u>componentes do Sistema Imunológico são também capazes de:</u>

- <u>identificar e</u>

- <u>destruir células que tenham sofrido,</u>

- <u>alterações associadas com malignidade e,</u>

- <u>direcionar respostas contra agentes não próprios, tais como órgãos transplantados.</u>

<u>O Sistema Imunológico é composto por células especializadas que maturam e são mantidas em órgãos particulares, tais como:</u>

### GENERAIS

↓

- Timo;
- Órgãos linfóides periféricos;
- Baço e
- Linfonodos

→ Órgãos do corpo

**CORONÉIS** ➔ Células Especializadas

➔ Destes órgãos, as células especializadas são lançadas à corrente sangüínea. Elas também podem retornar ao seu ponto de origem através do sangue.

➔ Os constituintes celulares do sistema imunológico originam-se dentro da medula óssea, a partir de células do sistema hematopoiético pluripotencial, também conhecidas como células tronco.

- Essa, por sua vez, sofrem maturação e diferenciação em linfócitos T, no timo, sob ação de timosinas.

- Em linfócitos B, na própria medula óssea.

---

Células tronco: vão ouvir falar muito nelas.

# TÁTICAS DE GUERRA ➔ Planos

- *Há dois tipos básicos de reação imunológica: humoral e mediada por células, as quais envolvem linfócitos B e T, respectivamente.*

- *Os linfócitos B agem pela produção de anticorpos, protegendo o corpo da invasão de bactérias capsuladas e toxinas bacterianas.*

- *Aos linfócitos T, atribuem-se as reações de hipersensibilidade tardia, rejeição de transplantes, bem como a defesa contra células cancerígenas e outros patógenos intracelulares como o vírus.*

## TIPOS DE CÉLULAS IMUNES:

TENENTES
SARGENTOS
SOLDADOS

As mais importantes células do Sistema Imunológico, os leucócitos, os famosos glóbulos brancos:

**NEUTRÓFILOS** TAMBÉM CHAMADOS DE LEUCÓCITOS POLIMORFONUCLEARES QUE SÃO FAGÓCITOS (LITERALMENTE CÉLULAS DEVORADORAS), QUE ENGLOBAM E DESTROEM BACTÉRIAS DE UMA FORMA INESPECÍFICA.

**EOSINÓFILOS** QUE SIMILARMENTE ENGLOBAM COMPLEXOS ANTÍGENO/ANTICORPO E DEFENDEM CONTRA ALGUNS PARASITAS.

**BASÓFILOS** QUE LIBERAM HISTAMINA E AUMENTAM A PERMEABILIDADE VASCULAR DURANTE PROCESSOS INFLAMATÓRIOS, FACILITANDO, ENTÃO, A MIGRAÇÃO DE OUTRAS CÉLULAS IMUNES PARA A REGIÃO.

## Monócitos - Linfócitos
## Natural Killer

**Monócitos/Macrófagos**

- As células monócitos/macrófagos adquirem uma fagocitose mais especificamente direcionada.
- Monócito é o nome dado à célula em sua forma mais imatura, enquanto persiste na corrente sangüínea. Quando entra no tecido, denomina-se macrófago.
- Estas células reconhecem inimigos e os apresentam para o exército.

## LINFÓCITOS:

- Linfócitos, que são o maior grupo de células designadas para atacar alvos específicos, correspondem à cerca de 20% do total de leucócitos circulantes e são predominantemente de dois tipos: células B e T.

- As células B são responsáveis pela produção e secreção de anticorpos.

## INFANTARIA

→ As células T são responsáveis pela imunidade celular, isto é, elas fazem contato direto ou íntimo com o antígeno (o início), que pode ser uma célula infectada por vírus ou cancerígena.

- Há em geral três tipos de células T (embora seja possível identificar muitos outros tipos nestas e entre estas categorias). As células citotóxicas são capazes de destruir células alvo.

- As células que vamos comentar são:

→ Incríveis!
Se agora, neste momento, em algum lugar de nosso corpo existir o início do desenvolvimento de células tumorais, elas:

➔ Rápidas!

➔ Rasteiras!

➔ Vão lá e destroem!!!

## CÉLULA NATURAL KILLER:

➔ **Corpo especial – SWAT**

● Recentemente, uma nova população de células foi identificada, ficando conhecida <u>como células "natural killer" NK, as quais possuem habilidade de matar células tumorais e</u> micrometástases.

● Imunidade natural ausente ou comprometida tem sido associada como o desenvolvimento e progressão de câncer, com infecção viral aguda e crônica (inclusive AIDS).

● Síndrome da fadiga crônica, depressão psiquiátrica, várias síndromes de imunossupressão e certas desordens auto-imunes.

**OS NÍVEIS DE NK PODEM SER INFLUENCIADOS:**

- **por idade;**
- **exercício;**
- **sexo.**

● *E uma variedade de fatores de saúde geral (depressão aguda).*

● *Baixa atividade NK em pacientes com câncer, é significativamente associada com o desenvolvimento de metástases a distância.*

● *Há evidências de que possa, inclusive, ser um marcador de doença metastática oculta.*

● *Também há sugestões, em certos estudos, de que a atividade NK possa ser utilizada como guia terapêutico, relacionando-a com o prognóstico e a melhor terapia a ser escolhida.*

---

Metástase: câncer secundário.

## CITOCINAS : AGENTES QUÍMICOS

● Fatores de crescimento hematopoiéticos, são citocinas que estimulam a proliferação e a diferenciação de células sangüíneas. Hematopoiético = produtor de sangue.

● Mas tem outros efeitos, incluindo a estimulação do complexo maior de histocompatibilidade e ativação de fagocitose de bactérias, fungos, parasitas e células tumorais.

## COMPLEXO MAIOR DE HISTOCOMPATIBILIDADE:

COMANDO GERAL EXÉRCITO

● Historicamente, os antígenos envolvidos na rejeição de transplante receberam o nome de antígenos de histocompatibilidade.

● Posteriormente, foi observado que produtos de uma região específica do genoma eram de importância predominante no processo de rejeição.

- Essa região é o Complexo Maior de Histocompatibilidade. No homem, o cromossomo 6 comporta o grupamento gênico do Complexo Maior de Histocompatibilidade, designado sistema HLA, ocupando aproximadamente 1/3000 do genoma humano.

- Apesar do Complexo Maior de Histocompatibilidade ter sido envolvido originalmente com a rejeição, é agora reconhecido que proteínas codificadas nesta região estão envolvidas em muitos aspectos do reconhecimento imunológico.

- Ou seja, se dividissem nosso corpo em 3.000 partes, uma delas era só para defesa.

**Vocês imaginam que tudo isso, neste momento, esteja ocorrendo dentro de nós!!!**

*Estude pour "Une Baignade à Asnières", 1883.*

# Estresse

## ESTRESSE E SUAS IMPLICAÇÕES SOBRE O SISTEMA IMUNOLÓGICO

➜ Quando um indivíduo é submetido a um evento desconhecido ou a algo que gere ansiedade, ocorre uma série de alterações fisiológicas, afim de que ele possa suportar e adaptar-se às mudanças impostas, devido ao estado de estresse gerado.

• *Vamos aprender isto, neste livro.*

• *No livro "Você conhece seu corpo?!?!"*

• *E, em "Você conhece seu cérebro?!?!"*

➜ Desta forma, os fatores psicossociais têm sido intimamente relacionados com a patogênese de certas doenças físicas e mentais.

> ➔ As respostas impostas por situações que excedam a capacidade adaptativa emocional pessoal desencadeiam uma resposta estressora psicológica composta de estados cognitivos e emocionais negativos.

➔ **A associação entre relações pessoais e função imune é um dos maiores achados da Psiconeuroimunologia.**

➔ O sistema imunológico parece ter um papel primeiramente mediador, que é influenciado por respostas relacionadas ou não com alterações no sistema neuroendócrino.

➔ Estas respostas são capazes de influenciar a função imune por seus efeitos no comportamento e respostas neuroendócrinas.

➔ Por exemplo, estudantes de medicina solitários têm função imunológica menor do que adultos jovens da população em geral.

→ A definição de estresse tenta traduzir a capacidade de resistência do homem aos choques emocionais e às agressões do meio exterior, ou seja, fatores Psicológicos, ambientais e fisiológicos que alteram a homeostasia.

→ Homeostasia?!? Lembram?!?
É o estado de equilíbrio do corpo!!!

→ É uma resposta não específica do organismo a uma exigência que lhe é feita, ou seja, todo o corpo responde.

→ O nível de influência imunológica dos agressores ambientais e emocionais são diretamente inter-relacionados com a capacidade do indivíduo em enfrentá-los.

→ Uma relação particular entre pessoa e o ambiente é apreciada pelo indivíduo como experimentando ou excedendo seus recursos e expondo seu bem-estar.

➔ Existem pessoas mais ou menos predispostas ao estresse; pessoas ansiosas, nervosas ou agressivas são portadoras de uma grande capacidade de auto-estresse; outras, vivem no limite da passividade, são mais capazes de absorver as agressões, mobilizando recursos psíquicos, organizando assim, a resposta biológica.

➔ Há certos padrões de impulso, temor e defesa de sintoma e estilo de caráter, que proporcionam o grau de adaptação do indivíduo.

➔ Por sua vez, o estado imunológico do organismo tem conseqüências sobre o comportamento.

➔ Entretanto, o estresse e outros fatores psicossociais são potencializados em pessoas cujo sistema imunológico já esteja comprometido (infância, doentes crônicos e pacientes com doenças ou tratamentos imunossupressivos).

➔ Estresse também tem sido definido como qualquer dos eventos classificados como não-específicos (tanto os gerados internamente ou externamente), gerados por um impulso a uma resposta não específica corporal, que pode levar a uma variedade de mudanças psicológicas, fisiológicas ou estruturais, temporárias ou permanentes.

> ➔ Este não é o chamado "o bom estresse" que é o tipo requerido para as demandas encontradas diariamente. Estudos têm relacionado doença com "maus estressores" como depressão, solidão e desesperança.

*O bom estresse é o que <u>eu</u> estou tendo em escrever vários livros por mês, <u>esperando ver</u>:*

➔*A coleção*

➔*Nas prateleiras das livrarias*

➔*E eu*

➔*Linda , leve e solta,*

➔*ou seja,*

➔*é estresse com esperança*

➜ Os principais órgãos alvo do estresse são o aparelho digestivo, coluna vertebral, pele, sistema respiratório, sistema cardiovascular, potência psiconeuroimunológica, o sistema imunológico.

➜ Entretanto, é novamente enfatizado que os estressores não produzem os mesmos efeitos. Os impactos e a direção dos estímulos estressores dependem do processo da doença ao qual o organismo é correntemente sujeito, bem como do estado atual em que se encontra a sua homeostasia corporal.

➜ ou seja

➜ cada cabeça ➜ uma sentença.

➜ Fica evidente nos estudos realizados sob a perspectiva Psiconeuroimunológica que os efeitos do estresse sobre o indivíduo dependem de variáveis, tais como sexo, estado metabólico, idade e imunogenética.

• Certos estilos de personalidade podem aumentar ou diminuir a resposta imune.

Relações entre estilos de personalidade e imunidade têm sido identificadas para várias doenças, incluindo câncer, AIDS e doenças auto-imunes.

● Maus **hábitos** de alimentação, distúrbios de sono, exercícios físicos intensos e o uso aumentado de substâncias psicotrópicas são comportamentos que compõem períodos estressivos e depressivos, os quais podem produzir por si só efeitos imunomodulatórios.

● Outros estudos contêm evidências de que as alterações são influenciadas por vários fatores inter-relacionados (o impacto, a direção de estímulos estressores, a estimulação patogênica e as condições sócio-ambientais do indivíduo).

● Foi, inclusive, concluído, que não há uma personalidade predisposta ao câncer, doença auto-imune ou à infecção, mas sim uma personalidade com potencial imunossupressor.

● Estresse, como também ansiedade, auto-estima baixa e outros fatores também

---

Imunossupressor = Baixador de defesas.

têm sido implicados em desordens da pele, como coadjuvantes do processo.

● Também tem sido correlacionada a auto-avaliação negativa com alterações da resposta imune.

● Indivíduos com baixo escore de auto-atenção e de neuroticismo são atualmente considerados mais vulneráveis a estímulos estressores do que eles próprios reconhecem.

● Neuroticismo, ou seja, pessoas que complicam com tudo!!!

● Pessoas expostas a estressores freqüentemente estão associados com prática pobres de saúde, como tabagismo, dietas mal balanceadas, maus hábitos de sono que podem ter efeitos imunossupressivos. Estressores podem também aumentar a susceptibilidade à infecção, pela influência à exposição de agentes infecciosos e sua quantidade.

● Pessoas estressadas com suas atividades no trabalho, geralmente usam seus esforços para atingir suas metas e acabam tendo uma exposição aumentada a agentes infecciosos, seja por permanência exagerada no local de trabalho ou por formas indiretas.

- Interação aumentada com outros resulta em grande risco de exposição a agentes infecciosos e conseqüentemente infecção, ou seja, <u>muita badalação!!!</u>

- Outros comportamentos em situações estressantes, tais como má prática de higiene, podem também facilitar a infecção, por aumentar a exposição, ou seja, <u>miséria!!!!</u>

## ESTRESSE CRÔNICO:

- Estresse crônico tem sido associado com supressão do sistema imunológico e há evidências de que o sistema imunológico pode não se adaptar com o tempo.

- O efeito do estresse acompanhado disrupção social e depressão, quando demonstrado, tem sido consistentemente adverso.

• Durante alguns eventos estressantes, tais como perda, privação, aflição, situações de dor e sofrimento, a inter-relação destes processos adaptativos pelo sistema imunológico e endocrinológico pode ser perturbada, podendo permitir alterações e anormalidades nas funções imunes e aumentar a vulnerabilidade do organismo a doenças em geral.

• Dor, sofrimento, situações angustiantes e uma variedade de desordens psiquiátricas, notadamente as desordens afetivas, estão crescentemente sendo relacionadas com a imunossupressão, ou seja baixa das defesas.

• Estresse crônico também tem sido implicado como um fator desencadeante do aumento da reatividade cardiovascular, de elevações de pressão arterial.

• Em indivíduos caracterizados por reatividade cardíaca simpática elevada a estressores agudos foram demonstrados índices de cortisol elevados, de baixa atividade lítica da célula NK, propiciando um mecanismo imunossupressivo.

- Os atacadinhos!!!

- Baixa atividade lítica = pouco poder de fogo

## ESTRESSORES AMBIENTAIS & FISIOLÓGICOS:

- Há evidências de que os fatores ambientais e as habilidades individuais para lidar com eles possuam um importante papel na imunossupressão.

- Imunossupressão = coisas que baixam nosso poder de fogo.

- Alguns estressores ambientais e fisiológicos podem modificar a imunocompetência básica do indivíduo e precipitar a imunodeficiência.

- Tais fatores podem incluir coisas como:

➔ **Idade**
➔ **Sexo**
➔ **Perda**

- Em um grande número de estudos têm sido demonstrado que uma variedade de estressores ambientais, tais como privação, pressão acadêmica e perda de auto-estima, podem resultar em evidências laboratoriais de imunossupressão.

## IDADE

→ Relações psiconeuroimunológicas podem variar para diferentes populações, em particular nos idosos.

→ O aumento da população idosa tem começado a receber atenção ultimamente. Decréscimo na função da célula T e o aumento da vulnerabilidade da atividade NK tem sido relatados em indivíduos com idade avançada, embora células B pareçam não estarem alteradas.

- Vocês já sabem quem são!!!

→ Além do mais, relações psiconeuroimunológicas podem diferir entre jovens e velhos. Suporte social é especialmente importante para o bem-estar dos idosos. Envelhecer é comumente associado com diminuição da qualidade de vida.

→ 75% dos idosos entre 60-64 anos estão satisfeitos com suas atividades, enquanto entre 85-89 anos essa porcentagem cai para 58%. A desintegração familiar provoca isolamento social.

→ Em alguns países é <u>apenas estar subjetivo.</u> Progressos científicos e tecnológicos têm contribuído significativamente neste grupo de pacientes para potencializar e garantir a sua qualidade de vida.

• Ou seja, só conforto material não é suficiente.

→Ligação entre estresse (ou angústia) e imunidade poderia ter maiores conseqüências sobre a saúde de idosos, porque a função imune declina com a idade, particularmente nos aspectos funcionais da resposta celular.

→ Quando a idade é referida, é importante notar que as crianças e velhos têm a maior incidência de doenças infecciosas do que os adultos.

→ Entre adultos, acima de 75 anos, a pneumonia e influenza juntos são consideradas a quarta causa de morte.

## SEXO

→ Tem sido afirmada a poderosa influência do sexo biológico (genética, a anatomia, hormônios) e do gênero psicossocial (papéis assumidos e adotados na família, na política e em outras estruturas sociais).

→ Algumas síndromes e/ou doenças possuem prevalência de características e diversidade de sintomas, fatores de risco, bem como sua progressão peculiares a cada sexo.

→ A diferenciação hormonal entre os dois sexos inicia-se na vida pré-natal, quando os testículos são formados e inicia-se a secreção de testosterona, aproximadamente em torno da 20ª semana de gestação.

→ A testosterona presente em grau significativo em homens somente atingem o cérebro do feto e interage com receptadores de hormônios sexuais em várias partes

---
Testosterona = Hormônio masculino.

do cérebro em desenvolvimento, acelerando ou freando o crescimento neural local.

→ Apesar da complexidade deste processo, longe de ser compreendido, aponta-se para o fato de que os cérebros do homem e da mulher são diferentemente organizados durante o período pré-natal, <u>apesar das diferenças hormonais mais marcantes não serem vistas até a puberdade.</u>

## LUTO

→ Há estudos que demonstram uma redução na atividade das células NK em pacientes em luto, predispondo imunossupressão, bem como existem evidências epidemiológicas sugerindo que a mortalidade é maior após conflitos entre viúvos idosos.

→ Desta forma, tem sido constatado que o luto conjugal predispõe a várias doenças (incluindo ataque cardíaco) que envolvam disfunções de sistema imune (doenças infecciosas e câncer), bem como maior envolvimento do sistema nervoso autônomo.

→ É comum observar que em idosos casados há muitos anos, quando o primeiro falece, pouco tempo após o outro apresenta uma doença auto-imune.

### Além dos fatores citados podemos incluir:

→ Traumas;

→ Uso de álcool;

→ Uso de drogas;

→ Exposição demasiada ao sol;

→ Má nutrição.

*Paysage rose, 1886.*

# Câncer

Espero que o Pablo Aluisio de quem já dei o endereço eletrônico, não se chateie.

> *MAS NÃO SE ACHAM MAIS FOTOS DOS ÍDOLOS DA MINHA JUVENTUDE.*

➜ Os filmes de John Wayne povoaram minha infância e juventude.

➜ Ele **ERA** o mocinho!

➜ Seus filmes em preto e branco!

➜ Depois em Technicolor e Cinemascope!

➜ Eram fantásticos!

➜ A gurizada saía do cinema pronta para qualquer combate.

→ 1997 assisti no cinema e depois, muitas vezes na televisão.

→ Seu último filme

→ O filme é um duelo de talento entre Laureen Baccal e John Wayne. Ela uma dona de casa, viúva, que o hospeda.

→ Ele encarna um velho pistoleiro com câncer, que quer morrer sossegado.

→ Sua fama não o deixa.

→ Logo aparecem adversários para duelo.

→ Só que, na platéia, nós já sabíamos que ele estava com câncer.

→ A cor.

→ O rosto.

→ A dor.

→ A depressão.

→ Jamais vou esquecê-los.

→ Se puderem, olhem o filme, é digno de ser visto mil vezes.

→ Chama-se "O último pistoleiro".

*John Wayne*

# PSICO-ONCOLOGIA E PSICONEUROIMUNOLOGIA

→ Psico-Oncologia tem como seu principal tópico de estudo avaliar se os fatores psicossociais influenciam a incidência e/ou sobrevivência de pacientes oncológicos.

→ Várias estratégias têm sido utilizadas, incluindo estudos retrospectivos dos traçados de personalidade pré-morbidos (nas décadas de 50 e 60) e a psiconeuroimunologia (a partir dos anos 80).

→ A literatura sugere duas principais hipóteses sobre fatores psicossociais diretos que são:

● A personalidade cancerígena (certos traços de personalidade que predispõem ao câncer);

● Perdas pessoais severas que levam a desordens da função imunológica e, por fim física, via alterações psicológicas.

---
Oncologia = estudo do câncer.

Os progressos psiconeuroimunológicos em câncer, provêem suportes para as três hipóteses seguintes:

> ● Desencadeamento de alguns cânceres pode ser influenciado por fatores psicossociais;
>
> ● Atividades do sistema imunológico podem influenciar o desencadeamento de alguns cânceres;
>
> ● E, pelo menos, uma resposta imune, a atividade NK, tem um importante papel nas defesas contra o câncer e parece ser influenciada por fatores psicossociais.

→ Durante a última década, o papel do estado mental, personalidade, atitude frente ao câncer, eventos adversos de vida, suporte social e outras variáveis psicossociais que influenciam a indução da malignidade e subseqüente desenvolvimento tumoral têm recebido intensa atenção.

→ *A vivência do câncer é mais violenta para pacientes e suas famílias do que outras formas de doença (fatores econômicos são uma parte significativa dessa disrupção). Os pacientes podem tornar-se doentes, desamparados e dependentes por um grande período. Aqueles pacientes que estão agoniados com incertezas sobre o diagnóstico, a natureza de sua doença e seus tratamentos, sua sobrevivência, podem requerer suporte adicional.*

> ➔ Dificilmente exista outra doença que induza tantos sentimentos negativos em qualquer um de seus estágios: o choque do diagnóstico, o medo da cirurgia, a incerteza do prognóstico e recorrência, efeitos da radio e quimioterapia, o medo de sofrer de dor e de encarar uma morte indigna.

➔ A etiopatogenia multifatorial neoplástica associa teorias que implicam:

- modificações genéticas;
- fatores ambientais (químicos, biológicos e físicos);
- fatores psicossomáticos.

> ➔ *Estes últimos seriam coadjuvantes ou precipitantes do processo maligno, examinada a aparente correlação entre traços específicos de personalidade ou estados emocionais e o desenvolvimento de câncer, foi ressaltada a importância dos períodos de molde e a inabilidade de expressar o ódio, acompanhado de culpa e de pressão, como os principais traços de personalidade oncológica.*

➔ Avaliando as respostas imunes adaptativas específicas a tumores, evidências consideráveis sugerem um papel na imunidade natural, não específica envolvendo a célula NK, granulócitos e macrófagos.

➔ Por esta razão, nos estudos oncológicos de psiconeuroimunologia, têm sido muito exploradas as relações entre as variáveis psicossociais e atividades da célula NK. Também existem estudos que têm enfatizado as vantagens dos processos adaptativos ativos daqueles que tentam evitar a doença ou passivos.

➔A relação entre fatores psicossociais e câncer tem demonstrado que o sistema imunológico tem **um importante papel no desenvolvimento e progressão do câncer.** Esses dados aumentam a possibilidade de que a interação psicoimunológica participe na gênese e progressão do câncer, bem como possa influir no prognóstico.

*Port-em-Bessin, avant-port, marèe haute, 1888.*

# Depressão & Câncer

→ Nos estudos oncológicos relacionados a depressão, existem dois enfoques:

> ● O primeiro se relaciona com a possibilidade da depressão ser um fator de risco para o desencadeamento e evolução da neoplastia;
>
> ● O segundo, como sendo o principal distúrbio psiquiátrico neste grupo de pacientes. Seguindo estas linhas de pesquisas, foi evidenciado que a maior probabilidade de haver altos índices de depressão, na escala MMPI em pacientes oncológicos, bem como risco de 2,5 vezes maior de depressivos desenvolverem cânceres futuramente.

→ Entretanto, existe baixa incidência de câncer em doentes mentais, **sendo que, praticamente não existe nos portadores de psicoses endógenas, ou seja, doenças psíquicas graves.**

→ Este ramo de pesquisas é impressionante!!! Volto no "Conhece seu Cérebro"!

> ➔ Foram fatores de risco para desenvolver distúrbios psiquiátricos durante a vigência do diagnóstico e demais etapas do câncer.
>
> ➔ História de passado psiquiátrico ou ansiedade, deficitário suporte social, baixa auto-estima, toxicidade e complicações relacionadas ao tratamento, severidade de sintomas físicos e preocupações persistentes e mal resolvidas sobre a imagem corporal.

➔ História psiquiátrica e metástases presentes foram mais significativamente associadas com a depressão.

➔ Dentre os fatores ambientais, o inadequado suporte social é um risco em potencial para desenvolver distúrbios psiquiátricos. Foi também demonstrado que pobres ajustamentos ao câncer podem resultar em deficiências no suporte social que, por sua vez, prejudica ainda mais o processo adaptativo.

➔ Talvez, não surpreendentemente em conseqüência, exista um monte de evidências que **sugerem que entre um quarto e um terço dos pacientes experienciam morbidade psiquiátrica importante em associação com o diagnóstico e o tratamento.**

➔ Altos níveis de morbidade psiquiátrica são vistos em pacientes mais fisicamente doentes,

• com menores índices de performance e com persistente e desprazerosos sintomas físicos, como por exemplo, dor.

➔ Pesquisas também sugerem que tais morbidades se não detectadas, podem ser incapacitantes e prolongadas.

➔ Também foi enfocada evidente conexão casual entre depressão e seus sintomas e morbidade por câncer e mortalidade. Ou seja:

> **DEPRESSÃO**
>
> **X**
>
> **VIDA RUIM**
>
> **X**
>
> **MAU HUMOR**
>
> **X**
>
> **DOENÇAS**
>
> **ESTÁ TUDO JUNTO!!!**
>
> **CUIDADO!!!**

➜ Estudos na população geral sugerem que a doença depressiva e ansiedade são mais prevalentes em pessoas de meia-idade, com diminuída incidência no final da vida.

➜ Entretanto, estudos sobre ajustamento em áreas específicas sugerem que enquanto pessoas mais velhas experienciam menos tristeza existencial e menores dificuldades que os jovens, podem encontrar mais problemas em superar as limitações práticas impostas pela doença e o tratamento.

→ Entre os pacientes não oncológicos, mulheres geralmente reportam níveis de ansiedade e depressão maiores do que homens.

→ Estudos de população oncológica sugerem que as taxas de mortalidade Psiquiátrica são iguais entre homens e mulheres.

→ Comparações em áreas específicas mostram que a mulher experiencia mais dificuldades em relação à imagem corporal e preocupações com a natureza emocional,

• enquanto homens se preocupam com dificuldades com sintomas físicos ou prejuízos de suas funções.

→ Existem vários estudos que investigam a prevalência da depressão entre pacientes oncológicos com doença limitada ou terminal. Estas prevalências giram em torno de 10-50%. Sintomas psiquiátricos não detectados interagem e possuem um negativo impacto sobre a qualidade de vida do paciente.

→ Em pacientes oncológicos terminais, as síndromes orgânicas e desordens com prejuízo cognitivo foram observadas em 42% dos indivíduos sendo responsáveis por 78% dos diagnósticos.

→ O diagnóstico mais comum nesta amostra foi delírio, sendo a principal causa de prejuízo cognitivo.

> → Delírio = a pessoa começa a pensar coisas totalmente fora da realidade.

→ Muitos pesquisadores têm relatado que delírio e prejuízo cognitivo são diagnósticos comuns em pacientes com câncer terminal. Tem sido demonstrado que estes pacientes com delírio sofrem maior mortalidade comparados a controles que não apresentam o sistema delirante.

→ A habilidade de predizer a expectativa de vida de pacientes com câncer avançado tem sido pobre, até mesmo entre os mais experientes clínicos. Ou seja:

> **DE MÉDICO, DE SÁBIO E DE LOUCO,
> TODO MUNDO TEM UM POUCO...
> SÓ UM POUCO....
> VIU????**

➔ Baixa força do ego também se relaciona com o desenvolvimento de depressão entre aqueles que não possuem câncer. Entre os pacientes oncológicos, aqueles com maior força de ego parecem usar mais comumente estratégias adaptativas e experienciam menos tristeza psicológica.

*La Baignade*

# Outras Coisas que Complicam o Câncer

→ Uma grave quantidade de variações de humor tem sido relatadas em pacientes oncológicos: de flutuações diárias em um estágio normal até desordens psiquiátricas, tais como depressão crônica, ansiedade fóbica e desordens psicóticas.

→ Um senso pessoal de perda ou falha pode também ocorrer com um indivíduo com câncer.

→ Os efeitos do estigma (indesejável anomalia que desqualifica o indivíduo de uma aceitação social completa) são geralmente negativos (ansiedade, desgosto, tristeza, angústia ou desesperança), mas também pode conter alguns aspectos positivos (empatia ou superpreocupação).

→ O estigma é correlacionado com vários indicadores de saúde relacionados a maus ajustamentos (pobre habilidade física, emocional e social).

→ Ou seja: "**os outros** apontam para o coitado que tem câncer".

→ A sobrevivência é prolongada em pacientes que demonstram espírito de luta ou negação, ao contrário daqueles que agem com aceitabilidade severa, desesperança ou desamparo. Têm sido relatadas as curas espontâneas.

→ Embora as características necessárias predisponentes e associadas não tenham sido adequadamente definidas, supressão de certos sentimentos (ex., raiva) processo adaptativo passivo frente a estressores e uma forte necessidade ao conformismo parecem ser importantes componentes à progressão do câncer.

→ A necessidade de uma causa para o desencadeamento do tumor parece ter um importante papel no ajustamento de pacientes com alguns tipos de cânceres, especialmente quando avaliado o restabelecimento de auto-estima.

## PERSONALIDADE:

→ A respeito da personalidade do canceroso várias especulações têm sido propostas sugerindo uma história pessoal para a malignidade.

→ Com relação ao câncer de mama, relata pacientes com caráter masoquista, inibição sexual, sentimento maternal diminuído, inabilidade para descarregar sentimentos negativos e conflitos hostis para com a mãe.

→ Adultos cancerosos têm geralmente história emocional nos primeiros anos de vida, em que os quais sofreram isolamento afetivo e sentiram intenso sentimento de rejeição, desesperança e desespero. Ressalta-se a importância do período de molde e a inabilidade de expressar o ódio, acompanhados de culpa e depressão.

→ Parece haver uma correlação entre agressividade recalcada, ressentimento e o aparecimento do câncer, bem como necessidade de dependência ainda não resolvida, datada da infância.

→ Problemas de saúde crônica levam a alterações gerais da personalidade e a experiências emocionais, incluindo auto-afeto negativo (uma dimensão de tristeza subjetiva, refletindo mau humor indiferenciados e baixa percepção da auto-estima), forte associação relacionada com o auto-afeto negativo e relatos de sintomas, devido a peculiaridades perceptórias e cognitivas.

→ Esses indivíduos têm uma tendência de interpretar **qualquer sensação corporal como sintoma físico,** até na ausência completa de doença. O tratamento dessa experiência emocional, por meio de intervenções psicoterapêuticas e psicofarmacológicas tem potencializado a qualidade de vida dos pacientes.

→ Fatores de personalidade têm sido ligados a presenças e à rápida disseminação do câncer com defesas psicológicas mal sucedidas e angústia psíquica.

➜ Ou seja: qualquer movimento interno corporal é problema!!!

➜ Quatro fatores têm sido consistentemente encontrados em alguns pacientes cancerosos:

- a perda de importante relacionamento antes do desenvolvimento do tumor;

- inabilidade de expressar sentimentos hostis e emoções;

- tensão mal resolvida relacionada a figura dos pais;

- distúrbios sexuais.

➜ Um assunto que virá no "Você conhece seu corpo" é:

---

**MEDO DE CÂNCER, SEM TER CÂNCER**

---

*Le Cirque*

# A Dor e o Tratamento do Câncer

***Impacto da Dor sobre o Paciente:***

> ➔ A dor do câncer nem sempre é somente física. ➔ A visão clássica da dor tem sido vista não somente como um sintoma físico, ➔ mas também como uma sensação que pode determinar uma quebra da homeostasia geral do organismo, do bem-estar ➔ como uma força do mal contra a alma do homem.

➔ Estresse relacionado ao câncer, desordens do sono, ansiedade e depressão são freqüentemente sub-reconhecidos e maltratados. Além disso, a dor do paciente se estende à família, amigos e até a profissionais da saúde que lidam com o paciente.

➔ É normal profissionais da saúde conhecerem exatamente o tipo de câncer do paciente e não saberem o nome desse paciente.

> ➔ Só recentemente tem sido considerada a relação entre dor e outros aspectos físicos, psicológicos e sociais da doença no plano de tratamento.
> ➔ Particularmente, quando a dor é crônica e relacionada com doença avançada e metastática, a dor pode interagir significativamente com muitas facetas diárias.

➔ Cronicidade da dor, devido à progressão do câncer e seu tratamento, é freqüentemente associada com sintomas psicológicos (desordens do sono, redução de apetite) e com sintomas clínicos e sintomas que podem mimetizar uma desordem depressiva.

- Mimetizar = fazer aparecer.

➔ Similar a dor, a dispnéia gerada em algumas neoplasias pode ser gênese de considerável ansiedade, por ser freqüentemente associada com fadiga severa, diminuição da função cognitiva e mau apetite, interferindo na atividade social.

- Dispnéia = falta de ar.

➔ **É estimado que, em cada ano, 18 milhões de pacientes sofrem de dor devido ao câncer.**

➔ Adicionalmente, existem as síndromes de dor induzidas por tratamento.

● Ou seja: o tratamento é que dá dor.

➔ Síndrome pós-operatória parece ser conseqüência da formação de neuromas no lugar de nervos cirurgicamente danificados. Esta dor é caracterizada como crônica, contínua e dolorosa; sua localização segue o modelo da distribuição do nervo. É terrível!!!

➔ Quimioterapia pode levar à dor devido a mucosites.

➔ Inflamações das mucosas, boca, vulva, etc... ardem um horror!!!

➔ A mucosite, radionecrose do osso, necrose do tumor, infecção e fibrose são seqüelas comuns da radioterapia.

➔ A estratégia de intervenção para controlar a dor depende da causa específica da dor no paciente individualmente: ➔ **freqüentemente, uma aproximação multidisciplinar, incluindo:**
- adequada analgesia;
- neurocirurgia;
- intervenção estética;
- comportamentais;
- atendimento de suporte são necessários.

➔ As medicações adjuvantes são utilizadas por todas as áreas.

## EFEITOS COLATERAIS DO TRATAMENTO ONCOLÓGICO

➔ Uma significativa proporção de pacientes estudados experienciam problemas psicossociais moderados ou severos com radio e quimioterapia, além de se acharem muito doentes por delas precisarem.

➔ Freqüentemente, pacientes experienciam náuseas e vômitos por mais de uma semana, resultando em perda de peso, desidratação e um declínio na performance em alguns indivíduos, o que pode ter importante impacto sobre o bem-estar do paciente.

→ Efeitos colaterais físicos, particularmente fadiga, são comuns, bem como uma fonte freqüente de tristeza.

→ Alterações cognitivas têm sido reportadas em pacientes com câncer de pulmão, recebendo quimioterapia com ou sem irradiação completa do cérebro. Aparentemente a seqüela psicológica de radioterapia é menos severa e de menor duração do que alguns tipos de químicos.

● Alterações cognitivas = dificuldade de memória, raciocínio, etc.

→ Quimioterapia adjuvante parece ser particularmente estressante. O tratamento faz com que os pacientes se sintam mal, quebram as rotinas de suas vidas e podem servir como uma constante lembrança de que eles têm câncer e isto pode recorrer.

→ Quimioterapia, como a primeira linha de tratamento, parece ser melhor tolerada, embora uma significante correlação entre o número e a severidade de efeitos colaterais e o desenvolvimento de ansiedade e de depressão tem sido reportada pela presença de esperança por parte dos pacientes.

→Respostas condicionadas à quimioterapia são prevalentes em pacientes cancerosos e podem ocorrer antes do tratamento, geralmente chamada de náusea ou vômito antecipatório, como também durante ou depois da terapia. Freqüentemente, muitos pacientes experienciam náuseas e vômitos por mais de uma semana após a quimioterapia intensiva, resultando em perda de peso, desidratação e um declínio na performance de alguns indivíduos. Náuseas e vômitos podem ocorrer com químio e radioterapia.

→ Os pacientes, em sua grande maioria, consideram a radioterapia melhor que a quimioterapia.

→Relatam que é mais poderosa e complica menos.

• A resposta do tumor ao tratamento pode melhorar a performance clínica e aliviar sintomas; sintomas relacionados à doença podem ser associados à alta correlatividade com o bem-estar do subjetivo.

- O tratamento é freqüentemente associado com esperança. Isto permite esforços efetivos no curso da doença, em auxiliar alguns pacientes no livre manejo de sintomas de ansiedade flutuante.

---

→ A dor do câncer, não é sensorial, vocês lembram quando eu falei de depressão.

→ A dor do câncer é vitalizada, é como nojo, como orgasmo, como apetite, ela entra e se mete em todo o corpo.

→ A idéia de ter um "Alien", lembra dele? Do filme?

→ Era um monstro que crescia dentro da atriz, a Sigourney Weaver?

→ Os pacientes sentem "O crescimento" do inimigo, e isso dói!

---

→ Somente **recentemente** tem sido considerada a relação entre dor e outros aspectos físicos, psicológicos e sociais da doença no plano de tratamento.

→Particularmente, quando a dor é crônica e relacionada com doença avançada e metastática, a dor pode interagir significativamente com muitas facetas diárias.

> →Imaginem comer com dor!
>
> →Dormir com dor!
>
> →Transar com dor!
>
> → Há creio eu, uns três anos atrás, uma jovem senhora de 35 anos, com câncer com metástases, ou seja, muito evoluído, muito avançado.
>
> →Procurou-me no consultório.
>
> →Tinha três filhas de 12, 10, 8 anos.
>
> →Veio com elegância e distinção fazer-me duas solicitações.
>
> 1) Ajudá-la a organizar o futuro das meninas, prepará-las para sua morte, e, acompanhá-las após.
> 2) Auxiliá-la a morrer com dignidade, cuidar de sua dor e ter-me à disposição, se a coragem lhe faltasse.

> ➔ Fomos parceiras 9 meses, juntas gestamos uma imagem digna, pois como ela sempre dizia: Fátima!
>
> ➔ Não quero que tenham pena de mim!
>
> ➔ Quero que me amem!
>
> ➔ Quero que recordem de mim como uma coisa boa!

**QUE MUNDO COMPLEXO!!!**

**VOCÊS LEMBRAM DE AGRADECER, SUA SAÚDE, PELA MANHÃ, QUANDO ACORDAM????**

*Seurat – Lisière de bois
au printemps, 1882*

# A Família e o Câncer

→ Problemas psicossociais encontrados em pacientes oncológicos têm sido bem documentados, mas pouco é conhecido sobre o impacto do câncer sobre os membros mais próximos da família.

→ Existe um aumento dos sintomas psicológicos em membros da família após um diagnóstico de câncer.

→ O câncer evoca um alto nível de ansiedade e incerteza nos pacientes, em seus familiares e amigos.

→ O diagnóstico e o tratamento de câncer **<u>inevitavelmente</u>** afetam não somente os pacientes, mas também seus familiares.

→ Algumas pessoas criam um vácuo social e as primeiras fontes de suporte pessoal são comumente os membros da família.

→ Séria depressão e ansiedade foram consideradas menores em pacientes do que em seus familiares.

> → Por isso, o médico que dá os cuidados primários também tem que dar suporte para os outros membros da família.

→ Em um nível individual, os familiares podem sentir-se inadequados e confusos sobre como ajudar.

→ Em particular, as crianças podem se sentir culpadas por não estarem doentes,

- ou culpadas por algumas vezes se acharem impacientes ou raivosas com as alterações adaptacionais que um familiar doente impõe à família.

→ Tem chamado a atenção para o nível de ansiedade e depressão, medo da morte e separação, encontrados em crianças convivendo com familiar com câncer.

→ Crianças que são protegidas por seus familiares por exclusão do envolvimento de atendimento de paciente terminal com câncer possuem um risco particular para desenvolvimento de problemas ajustacionais e morbidade psicológica.

→ Ajustamento positivo é encontrado entre aquelas famílias que são capazes de permitir à criança expressar suas ansiedades e preocupações sobre o familiar doente e encorajadas a participar ativamente em alguns cuidados.

→ Câncer em pais é particularmente importante porque freqüentemente impõe um processo adaptativo à criança com a ameaça de morte de um dos pais.

→ Há evidências de que meninas de mães doentes são particularmente entristecidas. O impacto psicológico do câncer parece alterar consideravelmente com a passagem do tempo de diagnóstico, piorando com a evolução negativa.

→ Existe uma alteração nos mecanismos de poder da família.

→ Crianças de pais com câncer irão manifestar os efeitos deste estresse através de níveis aumentados de problemas emocionais e comportamentais: escola, principalmente.

→ Embora algumas crianças experienciem significativos problemas emocionais e comportamentais, também existem significativas variabilidades nos relatos de ajustamentos de crianças. Algumas negam totalmente a doença, como se nem existissem.

> →Níveis de tristeza emocional em crianças variam em função da idade, sexo, se é o pai ou a mãe doente, em função do tempo do diagnóstico e, talvez o mais importante, a comunicação dos problemas é simples, honesta e clara.

→ Os pais, exceto perto da morte, não percebem que suas crianças estão entristecidas, tanto em termo de problemas emocionais e comportamentais, como internalização (depressão/ansiedade) com externalização.

→ Além do mais, os relatos de crianças sobre suas emoções mostram importante declínio com o passar do tempo do diagnóstico de seus pais.

➜ Os relatos dos pais sobre o funcionamento de suas crianças não alteram com o tempo.

➜ Os adolescentes tendem a ter maiores níveis, tanto de ansiedade quanto de depressão e agressão, quando comparados com os pré-adolescentes.

➜ As meninas adolescentes descrevem mais sintomas devido ao fato de experienciar mais estresse como resultado do aumento da responsabilidade familiar.

➜ As meninas também tendem a experienciar primeiramente e relatar sintomas internalizados, tais como depressão; os meninos tendem a externalizar, tais como hiperatividade, comportamento grotesco, aprontando.

➜ Os profissionais da saúde devem perguntar tanto para os pais quanto para as crianças sobre os sintomas que estas possam experienciar em resposta ao diagnóstico de câncer dos pais. Só que devem saber como.

→ Pais parecem ser incapazes de reconhecer os problemas emocionais e comportamentais, especialmente de suas filhas adolescentes.

→ Isto sugere que meninas adolescentes podem não expor suas tristezas emocionais para seus pais ou, alternativamente, os pais têm dificuldade de reconhecer problemas emocionais em suas filhas adolescentes durante este período de alto estresse na família.

> →A maneira pela qual as famílias se adaptam ao câncer é um reflexo:
> - do seu relacionamento íntimo;
> - sua história;
> - cultura da família.

→ Uma relação entre o bem-estar psicológico de familiares e aquele próprio referido pelo paciente tem sido reportada. Para pacientes, a natureza e o número de preocupações relatadas têm sido relacionadas a um posterior desenvolvimento de ansiedade e de depressão. Se uma relação similar existe para familiares, suas preocupações tornam-se foco para preocupação.

Um dos assuntos mais interessantes que se pode comentar, ler e pesquisar, é a maneira como a sociedade familiar comporta-se frente a comunicação do câncer.

- vou colocar abaixo o comunicado, e a reação:

- são situações que vivenciei no consultório, e não me foram contadas por ninguém.

- mãe, religião espírita, filho pequeno →deve ser o nosso castigo...

- filha 50 anos, mãe 80 anos, péssimas relações →enfim, ela vai sossegar.

- mãe 60 anos, envelhecida, filha 35 anos, câncer terminal hepático (fígado).

- é melhor assim...

→ Existe um alto nível de preocupação em pacientes oncológicos na primeira semana após o diagnóstico.

→ Os familiares relatam mais freqüentemente preocupações significativas do que pacientes. Uma explicação poderia ser que os membros da família consideram-se como observadores, que pouco podem influenciar sobre a doença e tratamento de seus amados.

→ Em contraste, pacientes podem resolver preocupações por fixar objetivos próprios, como completar seu tratamento e também recebem mais contato direto e suporte de profissionais da saúde do que seus familiares. Uma explanação alternativa é que o baixo nível de preocupação reportado pelos pacientes comparado aos seus familiares é, pelo menos em parte, devido à negação.

→ Os familiares relatam níveis gerais altos de preocupação. Preocupações sobre a doença, reação do paciente, seu estado físico, seu tratamento, sentimentos próprios de culpa ou tristeza, efeitos da doença sobre os outros e o futuro foram relatados por 80% dos familiares. A prevalência de provável morbidade psiquiátrica de 48% em uma amostra de familiares é significativamente maior do que a população geral usando o mesmo instrumento.

---
Negação = Não querer ver... O marido traído é o último a saber...

➔ Morbidade psiquiátrica = possibilidade de adoecer.

> ➔ Deve estar bem claro que não se pode assumir que os familiares de pacientes que tenham um bom prognóstico se preocupem menos. A explicação para isto é que os familiares têm um conceito fixo de que câncer é ameaçador sem relação com o tipo, grau ou estágio do tumor.

➔ Informar à família sobre a doença do paciente e seu tratamento, tendo este total permissão, e oferecer suporte psicossocial simples pode facilitar a adaptação dos familiares ao diagnóstico de câncer. Se um familiar desenvolver tristeza mais severa, tratamento efetivo deve ser instituído.

➔ Em resumo, um diagnóstico de câncer é destroçador para o paciente e para seus amados. Durante os meses depois do diagnóstico, o paciente deve atentar para as suas considerações e dúvidas, tanto sobre a incerteza de ameaça de vida, como sobre o freqüente efeito tóxico e incapacitante do regime de tratamento. Papéis, relacionamentos, emprego e segurança pessoal podem ser afetados.

→ Os diferentes níveis de preocupação expressados pelos pacientes e por seus familiares enfatiza a importância do aconselhamento básico diferenciado e ajuda em informações separadamente oferecidas.

→ A prática de profissionais da saúde atender aos pacientes e familiares separadamente, pelo menos em parte do tempo, para que cada um expresse livremente suas preocupações, está indicada. <u>Seria recomendado que profissionais da saúde perguntassem aos familiares sobre suas preocupações e oferecessem ajuda, quando apropriado.</u>

---

HÁ DOIS ANOS, UMA FAMÍLIA TROUXE UM MENINO QUERIDO COM CÂNCER PARA TRATAMENTO. DERAM NOMES, INDICAÇÕES,
- → TUDO FALSO.
- → NUNCA MAIS APARECERAM.
- → O MENINO ESTÁ MORTO.
- → AQUI (EU) (GOSTO) DO VELHO TESTAMENTO OLHO POR OLHO!!!! DENTE POR DENTE!!!!

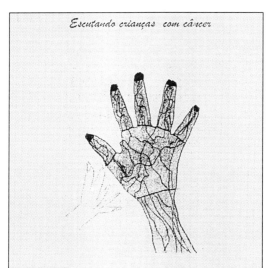

*Escutando crianças com câncer*

Rafaela de 7 anos, portadora de LLA, ao olhar o desenho que outra criança havia realizado, decidiu por vontade própria criar esta história. *A mão da punção* - "Se todas as mãos fossem assim........cheias de veias boas não seria necessário fazerem uma punção, nas costas.É, simplesmente horrível a dor....déi tanto que a gente chora e tem vontade de gritar.... bem que eles podiam ensinar os doutores a fazerem punção só na mão seria muito mais fácil . Um dia a medicina vai chegar lá......só na mão e vai doer *tantinho* por causa menos."

## PALAVRAS QUE VÃO APARECER

LLA ➜ LEUCEMIA LINFOCÍTICA AGUDA, É O CÂNCER QUE MAIS APARECE EM CRIANÇAS.

LINFOMA ➜ TUMORES DE GÂNGLIOS LINFÁTICOS.

LINFOMA HODGKIN ➜ CARACTERÍSTICA É A PRESENÇA DA DOR.

NÃO HODGKIN ➜ AUSÊNCIA DE DOR.

VOLTO NO "VOCÊ CONHECE SEU CORPO"?

# A Criança e o Câncer

→Em 1998, participei de uma Banca de Mestrado, em minha Universidade, a Federal de Santa Maria, onde desenvolvi uma parte importante da minha vida.

→Mas, como dizia:

→A Banca!

→A Tese chamava-se:

*"A doença, a morte e a escola para criança com câncer: um estudo através do imaginário social".*

→A autora era e é Suzana Funghetto.

→A Profª Orientadora, Dra. Waleska Fortes de Oliveira.

➔Tomo a liberdade de citar algumas partes deste trabalho, que considero uma jóia verdadeira.

➔*A partir daqui Suzana...e...suas crianças, seus pais...*

> *Rafaela, de 7 anos, portadora de LLA, ao olhar o desenho que outra criança havia realizado decidiu, por vontade própria, criar esta história: A mão da punção – "Se todas as mãos fossem assim.... cheias de veias boas, não seria necessário fazerem punção nas costas. É simplesmente horrível a dor.... dói tanto que a gente tem vontade de gritar... bem que eles podiam ensinar os doutores a fazerem punção só na mão seria muito mais fácil. Um dia a medicina vai chegar lá..... só na mão e vai doer cinqüenta por cento menos."*

*Os questionamentos e indagações sobre o tema surgiram no final de uma manhã, quando um menino de nove anos iria receber a quimioterapia. Esse menino se encontrava inquieto e, após a aplicação da medicação, sob a forma de soro, começou a olhar este objeto, referindo-se a ele da seguinte maneira:*

> **"– Um pingo, que saco... dois pingos, não agüento mais... três pingos, ai..."**
>
> *" – Um professor para dar aulas para estas crianças porque quando saem do tratamento, já estão com 8, 9 ou 10 anos, na primeira série.*
> *Nós temos provas disto, que dá certo, porque a Prof. S. está desenvolvendo um belíssimo trabalho de Educação Especial com as crianças."*
> C.L. pai de D.L. (4 anos)
>
> *Porque no meu ver se for bem organizado, tendo um espaço maior e com todo o material necessário para uma sala de aula, as crianças terão condições de serem alfabetizadas, a parte de que, quando terminarem o tratamento entrarem, ingressarem em qualquer outra escola numa série conforme seu aprendizado."*
> J.M.S., mãe do H.M.S. (6 anos)

Estresse - Câncer - Imunidade?!?!?!

*Tenho 10 anos, faço 11 no dia 13 de dezembro. Eu chegava da aula cansado. Depois do almoço, quando a minha mãe achava que estava trocando de roupa no quarto para ir brincar, eu estava dormindo, sempre cansado... Minha mãe me levou no médico, fiz exame de sangue e aí disse para o doutor que estava com uns caroços na cabeça. Fui a outro médico e ele mandou internar.*

*Félix, 11 anos,
Linfoma não Hodgkin.*

*"Câncer é uma doença ruim e difícil de curar. Ainda bem que tem os médicos... eles lutam contra a doença e são ajudados pelas enfermeiras. Por isso que eles nunca têm tempo para nada, nem para brincar."*

*Pedro, 10 anos, LL*

*"Bom, é impressionante como os médicos ajudados pelas enfermeiras cuidam da gente. Além de ter que estudar um monte.... eles ficam horas e horas para cuidar e salvar os doentes."*

*Lia, 9 anos, LLA*

*"Quando eu crescer eu vou ser médica, para curar, tratar e mandar nos doentes. Quando a gente é criança tem que ficar quietinha na cama, não pode chorar e tem que tomar um monte de injeção sem falar na punção e no maditt."*

*Sabrina, 7 anos, LLA*

*Em uma brincadeira proposta através das cores esta menina falou:*
*"Sabia que o vermelho é a cor do sangue que tiram das veias.... Eu acho um saco esses exames.... parecem um monte de gente esfomeadas por sangue, acho que se fosse de mentira seriam uns vampiros, Né!!!! A única hora em que eu não penso nisso é quando eu estou brincando, é um alívio só!!!!!!"*

*Bibiana, 7 anos,*
*Linfoma de Hodgkin*

> *Desenhando o seu quarto:*
> "*A cor do céu é azul, lá fora passam aviões, aqui no isolamento tudo é rosa... só que desde que a doença começou a vida não é mais cor-de-rosa. O amarelo aparece como uma cor terrível na anemia das pessoas.... odeio o amarelo! E o vermelho, não gosto nem de pensar.*"
>
> Sabrina, 7 anos, LLA
>
> "*As festas de natal estão chegando..... ano-novo,.... vida nova.... até parece que tudo vai ficar bem.... mas com esta fantasia de Papai Noel vou sair por aí.... fazendo uma distribuição grátis de quites saúde.....*"
>
> Lia, 9 anos, LLA

➔ Suzana é educadora especial, foi minha aluna no curso de graduação, hoje é uma brilhante doutora.
➔ Citá-la aqui é uma honra e um privilégio.
➔ O mais bonito de ser professor é:
➔ Quando o aluno supera o mestre.

# A MORTE

Um menino muito medroso
Era uma vez um menino muito medroso que morava numa cidade muito assustadora.
Um dia, ele se concentrava em seus deveres da casa, quando escutou passos.
O menino com muito medo foi ver o que estava acontecendo e esses passos aumentavam, indo cada vez mais rápido, mais rápido e mais rápido e de repente ... pára.
O menino com muito medo, volta a fazer seus deveres de casa, mas os passos continuam. Ele sai correndo para a sala e então ouve batidas na porta. O menino apavorado vai atender à porta. Quando a abre, encontra uma senhora toda de branco e o menino ficou encantado com sua beleza exuberante. Essa senhora ia cada vez ficando mais nova. Ele começa a correr, correr, correr. Então o céu se fecha com nuvens escuras, relâmpagos e um vento frio que bate portas e janelas. E o menino continua a correr e de repente pára e faz xixi nas calças. Então, ele vai direto à cozinha e garrafas começam a se abrir e

tudo começa a se movimentar. Então o menino, com muito medo, sai correndo para o seu quarto e pela janela começa a entrar a famosa cobra chocalho. Então o menino desesperadamente tenta se esconder, mas tudo se movimenta rapidamente. Então ele teve uma idéia mais genial do mundo: de deitar em sua cama. Então tudo aquilo não passava de um sonho e ele foi feliz da vida tomar o seu café.

Lia, 9 anos, LMA

**O NOME**

# Jarson Coutinho

Faz três anos que o aposentado dedica suas tardes para a Casa de Apoio à Criança com Câncer (CACC). Jarson leva alegria para os atendidos pelo centro: crianças e adolescentes de zero a 18 anos. O aposentado brinca com eles, conta histórias e leva os internos para se divertir na pracinha.

– Vim só para conhecer, mas gostei e resolvi me dedicar a colaborar com o centro – conta Jarson.

# A Sociedade e o Câncer

→ Um diagnóstico de câncer inicia a luta pela sobrevivência e introduz novas demandas financeiras, físicas e psicológicas.

→ Deve ser garantido que a prevenção do câncer, detecção, tratamento e reabilitação sejam acessíveis e avaliáveis a todos os pacientes que disso precisem, independente de suas condições socioeconômicas.

→ Os efeitos econômicos do câncer desencadeiam impactos psicológicos, sociais e ambientais sobre pacientes. Seus problemas e as necessidades de intervenção psicológica, em pacientes indianos, mostrou:

• que embora a dor do câncer fosse a queixa mais comum, outras preocupações sobre sintomas físicos, financeiros, com o futuro e trabalho foram também prevalentes.

➜ A experiência total do câncer é mais violenta para pacientes e suas famílias do que outras formas de doença.

➜ Fatores econômicos são uma parte significativa desta problemática.

➜ Se necessidades financeiras não são mantidas, funções gerais e qualidade de vida podem ser comprometidas.

➜ O câncer, freqüentemente, segue um curso incerto com pacientes experienciando numerosas alterações em suas vidas. Eles estão vivendo com problemas complexos sociais e emocionais de uma realidade alterada e muito estressante.

➜ O peso financeiro é maior em pessoas de baixa renda, que têm uma falta de acesso à qualidade de atendimento.

➜ Também são mais comumente diagnosticados cânceres em fase avançada, tendo a tensão financeira um efeito significativamente negativo sobre o estado emocional da família.

➔ Perdas financeiras são mais dramáticas em famílias jovens e entre pacientes com doença avançada.

➔ Fatores socioeconômicos têm um importante papel na sobrevida.

## REABILITAÇÃO:

➔ Para os sobreviventes do câncer, ou seja, aqueles que conseguiram erradicar o câncer após o tratamento, o trabalho torna-se o ponto central da reabilitação e uma afirmação de serem normais e saudáveis.

➔ Entretanto, pacientes encontram freqüentemente problemas no local de trabalho, apesar de sua história atual de saúde.

➔ Atualmente, um dos grandes problemas desses indivíduos é essa discriminação no local de trabalho.

## DISCUSSÃO:

➔ Os estudos sobre câncer são naturalmente imperfeitos porque os medos atuais dos pacientes, como também a raiva e o desespero, que eles sentem sobre a sua doença, podem distorcer as suas funções anteriores.

→ Dependendo do tipo de câncer, o estágio, o tratamento medicamentoso, o tempo em que os problemas emocionais foram acessados e o critério usado, a percentagem de pacientes que desenvolveram problemas emocionais sérios foi de 25 a 70% das amostras estudadas.

→ Tem sido observado, por exemplo, uma prevalência de 47% de desordens psiquiátricas em pacientes oncológicos.

→ Como uma categoria diagnóstica:

- desordens de ajustamento atingiram 68% de todos os diagnósticos;

- desordens afetivas maiores (13%);

- desordens mentais orgânicas (8%);

- desordens de personalidade (7%) e

- desordens de ansiedade (4%).

→ No total, próximo de 85% dos pacientes com condição psiquiátrica positiva, tinham depressão ou ansiedade como seu sintoma principal.

→ A maioria dessas condições são desordens facilmente tratáveis.

→ Fatores de personalidade, defesas psicológicas mal sucedidas e angústia psíquica:

- perda de importante relacionamento;

- inabilidade de expressar sentimentos hostis e emoções;

- tensão mal resolvida relacionada à figura dos pais, depressão;

- estressores crônicos e distúrbios sexuais têm sido ligados ao desencadeamento e à rápida disseminação do câncer.

→ Também há evidências de que quanto maior o nível de descredibilidade do paciente com sua vida,

- menor sua sobrevida.

- Supressão de certos sentimentos, processo adaptativo passivo frente a estressores e uma forte tendência ao conformismo parecem ser importantes componentes predisponentes.

## MÉDICOS X PACIENTES X FAMÍLIA

→ Clínicos devem ser capazes de negociar circunstâncias para facilitar o processo de seus pacientes. Isto conclui:

- demonstração de incertezas sobre o diagnóstico;

- ser claro com outros a respeito da natureza de suas doenças e tratamentos;

- sentir-se capaz de contribuir com alguma coisa para a sua própria sobrevivência;

- achar explicação sobre o câncer, buscar suporte em outros, manter contatos sociais normais.

→ Pacientes que estão agoniados com uma ou mais dessas áreas podem requerer suporte adicional.

➜ É gratificante que, em contraste a situações que existam no passado, muito mais ênfase tem sido dada no auxílio de pacientes com câncer e suas preocupações psicossociais.

➜ Entretanto, preocupações e pensamentos dos pacientes podem facilmente:

- afetar e sobrecarregar as maiores necessidades emocionais predominantes da família, pois

- irá privar os pacientes do conforto, amor, suporte e companheirismo de que eles precisarão no curso da doença.

➜ Sintomas de tristeza psicológica em crianças, variam consideravelmente de acordo com sua idade, seu sexo, se é sua mãe ou seu pai que está com câncer,

- e se eles mesmos ou seus pais estão relatando sintomas.

➜ Meninas adolescentes cujas mães têm câncer relatam os maiores níveis de tristeza.

→ Quando crianças relatam níveis elevados de sintomas psicológicos, seus pais parecem estar cientes desta sua tristeza e consideram suas crianças assintomáticas.

→ Estes achados sugerem que profissionais da saúde podem precisar assistir pais no reconhecimento e processo adaptacional com a tristeza das crianças quando esta estiver presente.

---

Em julho de 1999, o sr. Jarson Medeiros Coutinho veio consultar, trazido por um sobrinho.

O Jarson era um ano mais jovem do que eu e sua aparência era de envelhecimento precoce e abatimento.

Solteiro, cuidara de sua mãe anos, e, ela acabara de falecer. Viviam de um comércio que ele cuidava na própria residência.

Durante o ano de 1999, Jarson não conseguia interessar-se por nada, apesar dos meus esforços no sentido de que procurasse objetivos.

No início de 2000, chega à consulta e larga uma

➔ Maravilhosa!

➔ Surpreendente!

➔ Bomba:

➔ Doutora!!!

➔ Estou trabalhando no CACC!

➔ Fiquei pasma!

➔ O CACC é uma casa abençoada por Deus...

➔ E bonita por natureza!

➔ Surgiu da alma e do esforço de uma mulher chamada Marli Tarragó e sua equipe.

➔ Fica na entrada da Universidade Federal de Santa Maria.

➔ Recebe crianças e famílias que necessitam radioterapia, quimioterapia.

➔ Aqui estão duas fotos do meu amigo Jarson,

➔ Hoje o feliz, alegre e encantado Tio Jarson do CACC.

➔ Voltou agora de umas férias, onde foi ao Nordeste em excursão este ano.

➔ Sem familiares, lindo, leve, solto!!!

➔ Enturmou-se, antes não conversava.

➔ Conheceu São Salvador – Rio de Janeiro e Aparecida do Norte.

➔ Seus sonhos!!!

> Seus terapeutas???

- As crianças com câncer;

- O amor;

- O carinho;

- A bondade e a gentileza.

Meus respeitos ao Tio Jarson

> Um dos professores da

U.V.

**LEMBRAM??????**

**DELA????**

Estresse - Câncer - Imunidade?!?!?!

Informativo do Centro de Apoio à Criança com Câncer  ·  dezembro de 2002

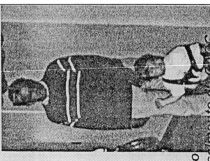

## VOLUNTÁRIOS NOTA 10

Tio Jarson (na foto com Lairton), que aniversariou no dia 10 de outubro, recebe a justa homenagem por sua assiduidade, dedicação e pelo trabalho desenvolvido junto às crianças.

Parabéns Tio Jarson!

*PARABÉNS a vocês pelo coleguismo e desprendimento em ajudar no crescimento do CACC.*

*Andrei*

# Andrei

Conheci a Vera, mãe do Andrei, em final de 2000.

→ Ela acabara de passar por problemas pessoais e iniciou uma terapia.

→ Vinha sempre de motoqueira, com capacete, e seu parceiro era um "gatão".

→ Lindo de morrer.

→ Forte, alto, saudável.

Durante o ano de 2000, eu passei a conhecer, através da Vera,

→ O parceirão!

→ O filhão, o que vinha na garupa da moto.

Em 2001, O Andrei, teve fortes dores de cabeça.

> **O QUE VEM ESCRITO ABAIXO
> É DA VERA, A QUEM EU PEDI
> PARA COLABORAR COMIGO.**

*Andrei Lautert Pereira*
*Pais: José Carlos Pereira*
*Vera Lucia Lautert*

*Nascido em 13.06.85, em Santiago, apesar de morarmos em São Francisco de Assis. Nosso anjo veio ao mundo às 14:45, de parto normal induzido e com uso de fórceps.*

*Morou até os 8 anos em São Francisco de Assis, depois veio para Santa Maria.*

*Óbito – 20.09.02 – 06:00 h*

*Internou em 25.07.01 logo após fazer uma tomografia computadorizada e ser decretado o tumor (15 h). Às 19h, já em pré-coma, fez uma ressonância magnética, a qual constatou "Astrocitoma". Dia 02.08.01, foi feito uma cirurgia, para biópsia. Erradamente, foi feita a interpretação como grau III, pois meses depois, analisado o mesmo material (Hospital da PUC), em Porto Alegre, foi diagnosticado como grau II.*

*Aproximadamente 20 dias depois da biópsia fomos encaminhados para o COR (Centro de Oncologia e Radioterapia) em Porto Alegre, onde foi iniciado a radioterapia (32 sessões). Com o tratamento à base de corticóides, associado a radio, ele ganhou peso e perdeu o cabelo (aqui uma fase de revolta interior iniciava).*

*Em novembro, dia 05.11.01, fez a primeira sessão endovenosa de quimioterapia. Fez somente (05.11., 26.11., 21.01.02).*

*Como fomos informados que não havia mais o que fazer, fui a Porto Alegre e procurei outra equipe, a qual solicitou uma nova interpretação da biópsia pela (grau II).*

*Aqui nossa esperança renascia pois tudo mudara.*

*Iniciou, então um tratamento com a oncologista. Foi feito uso da quimioterapia via oral.*

*A primeira convulsão após a cirurgia surgiu, e, a partir daí, as sucessivas internações.*

*A imunidade baixou, as plaquetas quase sumiram e um novo desespero tomou-nos conta (março).*

*A partir daí minhas esperanças diminuíram, embora aparentemente eu era uma mãe com toda esperança (era uma luta interior), pois tentava fazê-lo viver mesmo contra a vontade dele.*

*Em 15.06.02, fiz uma janta pelo aniversário dele (13.06) e nesta noite ele apresentou o primeiro distúrbio de memória, comentando com os amigos fatos acontecidos há um mês e no momento citados como atuais. Entrei em desespero e mutuamente lutei. Dia 09.07.02 internou na CTI com crise convulsiva. Dia 12.07.02 – alta hospital.*

*Dia 02.08.02 – internou, pois apresentava uma grande sonolência, com evolução há dias progressiva.*

*Dia 03.08.02 – passou relativamente bem melhor, conversando, brincando, fato que não acontecia há tempos.*

*Dia 04.08.02 (4 h) início de uma série de convulsões não cederam aos anti-*

*convulsivantes, apesar da presença do Dr. Itiberê medicando-o por mais de 1 hora. Transferência do quarto para a CTI do C.H.M.*

*Dia 12.08.02 retornou para o H.C.A (CTI). Dias após, foi para o quarto, mas logo retornou para a CTI com parada respiratória.*

*Ficou na CTI até o dia 20.09.02 quando nos deixou para ir ao encontro de DEUS.*

Depois da Vera

➜ Volto eu.

➜ O Andrei e eu fomos companheiros durante 1 ano.

➜ Houve momentos em que o único lugar que aceitava vir era ao consultório.

➜ Ele sempre soube que seu caso era grave, provavelmente fatal.

➜ Mas o que ele queria falar em sofrer era sobre:

- Sofrer com dignidade;

- Morrer sem fazer fiasco;

- Falar sobre a mãe;

- E, **principalmente profundamente!!!**

- Conversar sem restrições;

- Sem medo

- Do que viria pela frente.

  No nosso último encontro:

- Despediu-se como sempre;

- Era muito alto;

- Dava um beijo na minha testa.

- E sua saída era:

- "A gente se vê semana que vem..."

.... Não sei em que semana,

.... Não sei em que mês,

... Não sei em que ano...

... Mas o Andrei e eu vamos terminar esta conversa!!

> HASTA, LA VISTA!
> BABY!!!

                             Vem vindo o sono!!!!

# Currículo
## Prof. Dra. Fátima Deitos

1. Médica – Universidade Federal de Santa Maria – 1973.

2. Professora Titular de Neuropsiquiatria da Universidade Federal de Santa Maria – 1974-2001.

3. Mestrado em Psiquiatria.

4. Doutorado em Psiquiatria.

5. Pós-Doutorado em Psicofarmacologia.
   Universidade Complutense de Madrid.

6. Presidente da Sociedade Internacional de Estudos da Criança – Gestão 96-98.

7. Membro Expert da Sociedade Íbero-Americana de Informação Científica - www.siicsalud.com

8. ***Prêmios recebidos por trabalho comunitário, criatividade e interiorização em saúde mental:***

   ⇨ *Podhium Pesquisa;*
   ⇨ *Destaque RS - Mulher;*
   ⇨ *Qualidade Símbolo;*
   ⇨ *Estrela do Mar;*
   ⇨ *Guarita;*
   ⇨ *Master.*

9. Autora e Coordenadora de livros como:
   a) *Mito de Orfeu – Distúrbios da Comunicação* – 1995.

   b) *Mito de Tespis – Psicologia da Criança,* 1995.

   c) *Mito de Ulisses – Estresse, Câncer & Imunidade,* 1997.

   d) *Mito de Zéfiro e Flora – Diálogo Corporal,* 1997.

e) *Mito de Cérbero – Esquizofrenia*, 1998.

f) *Mito de Thelksis – Distúrbios do Sono*, 1999, etc...

10. Participação em livros:
a) Temas de Medicina do Sono, de Rubens Reimão, 2000.
b) Ética, Moral e Deontologia Médicas, de Andy Petroianu, 2000, etc...

11. Proprietária e Orientadora Científica do Laboratório de Eletroneurofisiologia.

Impressão e Acabamento
na Gráfica Imprensa da Fé